心の指針

Selection 2

病《やまい》よ治《なお》れ

大川隆法
Ryuho Okawa

Contents

1

病《やまい》よ治《なお》れ

肉体《にくたい》を持《も》って生《い》きてゆくことのつらさよ。
心《こころ》と体《からだ》のバランスが崩《くず》れ、
生活習慣《せいかつしゅうかん》が偏《かたよ》っていくと、
人《ひと》は健康《けんこう》を損《そこ》なってゆく。

されど、
病《やまい》は神仏《しんぶつ》の創《つく》りたまいし実在《じつざい》ではない。
医《い》者《しゃ》が病《びょう》名《めい》を付《つ》けてくれたから、
病《びょう》気《き》が体《からだ》の中《なか》に
引《ひ》っ越《こ》してくるわけではない。

もともと病《やまい》などないのだ。
魂《たましい》が地《ち》上《じょう》環《かん》境《きょう》に汚《お》染《せん》されて、
肉《にく》体《たい》というスクリーンに、
幻《げん》影《えい》を映《うつ》し出《だ》しているにすぎないのだ。

9

病《やまい》の発症《はっしょう》の理由《りゆう》のほとんどは、
心《こころ》の不調和《ふちょうわ》か、
過去世《かこぜ》のカルマである。

だから、
病《やまい》を治《なお》そうとして力《りき》む必要《ひつよう》はない。
無為自然《むいしぜん》の
人間《にんげん》としての本来《ほんらい》の姿《すがた》に立《た》ち返《かえ》り、
なすべきはなし、
なすべからざるはなさず、
忘《わす》れるべきは忘《わす》れ、
ゆるすべきことはゆるすことだ。

身《み》近《ぢか》な人《にん》間《げん》関《かん》係《けい》ほど、
葛藤《かっとう》し、苦《くる》しみを生《う》むものだ。
そして自《じ》己《こ》弁《べん》護《ご》のために人《ひと》は病《やまい》を創《つく》り出《だ》す。
愚《おろ》かである。
神《かみ》の子《こ》としての
愛《あい》とゆるしと、おおらかさを、
取《と》り戻《もど》しなさい。
さすれば病《やまい》は治《なお》るしかないのである。

2 小《ちい》さなことを喜《よろこ》ぼう

この世《よ》の中《なか》は、
小《ちい》さな喜《よろこ》びに満《み》ちている。

朝《あさ》ごはんが食《た》べられること。
自分《じぶん》で歯《は》みがきができること。
しっかりと排便《はいべん》ができること。
尿《にょう》がたくさん出《で》ること。
車《くるま》いすを使《つか》わずに歩《ある》けること。
自分《じぶん》の鼻《はな》と口《くち》で呼吸《こきゅう》ができること。
この手《て》で子供《こども》たちの頭《あたま》がなでられること。
夫婦《ふうふ》で抱《だ》きあえること。
階段《かいだん》が歩《ある》け、
陽《ひ》の光《ひかり》の中《なか》、公園《こうえん》を散歩《さんぽ》できること。

そして、
今日《きょう》も仕事《しごと》があり、
職場《しょくば》があり、
まだ働《はたら》けるということ。
世《よ》の中《なか》のお役《やく》に立《た》てるということ。

ああ、
自由《じゆう》に動《うご》け、
人々《ひとびと》に存在《そんざい》が喜《よろこ》ばれるということは、
何《なん》と幸福《こうふく》なことか。

だから、
小《ちい》さなことを喜《よろこ》ぼう。
小《ちい》さなことに感動《かんどう》しよう。
小《ちい》さなことに、
夢《ゆめ》と生《い》きがいを感《かん》じとろう。

3 イメージングの力《ちから》

イメージしなさい。
あなたが立《た》ち直《なお》っている姿《すがた》を。

イメージしなさい。
あなたが、
元気《げんき》で、
健康《けんこう》で、
力《ちから》に満《み》ちあふれている様《さま》を。

イメージしなさい。
あなたの家族《かぞく》が幸福《こうふく》で、
家庭《かてい》がユートピアの基地《きち》であることを。

イメージしなさい。
夫婦《ふうふ》の縁《えん》は三世《さんぜ》の縁《えん》で、
あなたがたが、
あらゆる苦難《くなん》に打《う》ち克《か》ち、
見事《みごと》に添《そ》いとげることを。

イメージしなさい。

信仰《しんこう》の光《ひかり》が全身《ぜんしん》に浸透《しんとう》し、
どんな重病《じゅうびょう》も治《なお》っていくことを。

イメージしなさい。
協力者《きょうりょくしゃ》に恵《めぐ》まれ、
資金《しきん》に恵《めぐ》まれ、
あなたの仕事《しごと》が成功《せいこう》していく様《さま》を。
イメージしなさい。
子《こ》どもたちが、
素晴《すば》らしい成長《せいちょう》をしていくことを。

イメージングこそ、
あなたの未来《みらい》の設計図《せっけいず》。
繰《く》り返《かえ》し発射《はっしゃ》される思念《しねん》は、
必《かなら》ずや実現《じつげん》するのだ。

4 心《こころ》と肉体《にくたい》

病気《びょうき》になりたいと、
本気《ほんき》で願《ねが》っている人《ひと》はいないだろう。
だが、日本《にほん》の大病院《だいびょういん》は、
スーパー並《な》みに混雑《こんざつ》している。

人《ひと》は、表面意識《ひょうめんいしき》とは違《ちが》って、
潜在意識《せんざいいしき》では病気《びょうき》を求《もと》めている。

仕事《しごと》が挫折《ざせつ》した時《とき》。
勉強《べんきょう》に疲《つか》れた時《とき》。
人《ひと》に叱《しか》られた時《とき》。
恥《はじ》をかき、名誉《めいよ》が傷《きず》つけられた時《とき》。
自分《じぶん》からは、休《やす》みが欲《ほ》しいと言《い》えない時《とき》。
自分《じぶん》の能力《のうりょく》に限界《げんかい》や劣等感《れっとうかん》を感《かん》じる時《とき》。
負《ま》け犬根性《いぬこんじょう》になった時《とき》。
周囲《しゅうい》の過大《かだい》な期待《きたい》に押《お》しつぶされる時《とき》。
ストレスのはけ口《ぐち》がない時《とき》。
悲観論《ひかんろん》を信《しん》じる時《とき》。
生活《せいかつ》の乱《みだ》れを直《なお》せない時《とき》。
罪《つみ》の意識《いしき》に縛《しば》られている時《とき》。

さて、もうおわかりだろう。
病気《びょうき》の原因《げんいん》は、心《こころ》が弱《よわ》っているからだ。
祈《いの》り、信《しん》じ、
回復《かいふく》することを、強《つよ》く求《もと》めよ。
その念《おも》いが、肉体《にくたい》に働《はたら》きかけるのだ。
自分《じぶん》は、本質的《ほんしつてき》に丈夫《じょうぶ》であると信《しん》じなさい。

希望《きぼう》と
信念《しんねん》と
仏法真理《ぶっぽうしんり》が、
決定的《けっていてき》に治癒力《ちゆりょく》を高《たか》めるのだ。

●仏法真理　仏神《ぶっしん》の御心《みこころ》に適《かな》った、宇宙の普遍《ふへん》の真理のこと。

5 病気《びょうき》の原因《げんいん》の発見《はっけん》

人《ひと》が病気《びょうき》をするには原因《げんいん》がある。
一番多《いちばんおお》いのは、
自分《じぶん》が不幸《ふこう》であることを、
他人《たにん》に同情《どうじょう》してもらうための病気《びょうき》である。
仕事《しごと》で失敗《しっぱい》したサラリーマン。
借金《しゃっきん》が返《かえ》せない家長《かちょう》。
子供《こども》の出来《でき》が悪《わる》い母親《ははおや》。
妻《つま》の感謝《かんしゃ》やサービスのなくなった夫《おっと》。

夫《おっと》の素行《そこう》に不満《ふまん》な妻《つま》。
子供《こども》に捨《す》てられた親《おや》。
親《おや》に見捨《みす》てられた子供《こども》。
プライドに能力《のうりょく》が追《お》いつかない人《ひと》。
無理《むり》をして自滅《じめつ》したい人《ひと》。
苦《くる》しい立場《たちば》、板《いた》ばさみを
口《くち》で表現《ひょうげん》できない人《ひと》。

人《ひと》が病気《びょうき》をする、
二番目《にばんめ》に多《おお》い原因《げんいん》は、
生活習慣《せいかつしゅうかん》の悪《わる》さである。
動物性食品《どうぶつせいしょくひん》、
高《こう》カロリー食品《しょくひん》の食《た》べすぎ。
酒《さけ》の飲《の》みすぎ。
タバコの吸《す》いすぎ。
お茶《ちゃ》、ジュース、水《みず》の飲《の》みすぎ。
塩分《えんぶん》と野菜《やさい》、果物《くだもの》のとり方《かた》の
バランスの悪《わる》さ。
有酸素運動《ゆうさんそうんどう》の不足《ふそく》。
睡眠《すいみん》の不足《ふそく》。

いずれにせよ、
マイナス感情《かんじょう》をプラスに変《か》え、
感謝《かんしゃ》・節制《せっせい》・拝《おが》み合《あ》いの生活《せいかつ》をするとよい。

6 心《こころ》と健康《けんこう》

病気《びょうき》の七《なな》、八割《はちわり》は、
心《こころ》の葛藤《かっとう》とストレスが原因《げんいん》である。
物質《ぶっしつ》の作用《さよう》は残《のこ》りの二《に》、三割《さんわり》である。

あなたの悩《なや》みを覗《のぞ》けば、
あなたが何《なん》の病気《びょうき》になりそうかわかる。
あなたの病気《びょうき》がわかれば、
あなたの悩《なや》みが何《なん》であるかわかる。

いずれにせよ、
心《こころ》と肉体《にくたい》とは一体《いったい》であり、

心《こころ》に恐怖《きょうふ》や苦痛《くつう》を抱《いだ》けば、
肉体《にくたい》に病変《びょうへん》があらわれる。
心《こころ》を治療《ちりょう》すれば、
健康《けんこう》は回復《かいふく》する。

これが基本的真理《きほんてきしんり》である。
人間《にんげん》の体《からだ》に有害《ゆうがい》な物質《ぶっしつ》など
いくらでもあるのだ。
ウイルスなど地球上《ちきゅうじょう》にあふれているのだ。
だが、病気《びょうき》になる人《ひと》と、
ならない人《ひと》がいるのだ。

仏《ぶっ》法《ぽう》真《しん》理《り》に照《て》らして、
中道《ちゅうどう》から外《はず》れているところを点検《てんけん》せよ。
病気《びょうき》の予防《よぼう》と治療《ちりょう》が、
可能《かのう》となるであろう。

7 心《こころ》と病気《びょうき》

ガンの原因《げんいん》は、
能力《のうりょく》を超《こ》えた仕事《しごと》、過労《かろう》、
解決《かいけつ》できない人間関係《にんげんかんけい》の葛藤《かっとう》、
ストレスによる暴飲暴食《ぼういんぼうしょく》、
怨《うら》み、憎《にく》しみの念《ねん》である。

FINANCIAL
ACTUAL SUMMARY

心臓病《しんぞうびょう》、胃潰瘍《いかいよう》、糖尿病《とうにょうびょう》の原因《げんいん》は、
悩《なや》みから解放《かいほう》されないこと、
不安《ふあん》や過度《かど》の緊張生活《きんちょうせいかつ》、
つまり、競争社会《きょうそうしゃかい》のツケと、
怒《いか》りや自己破壊願望《じこはかいがんぼう》である。
高《こう》カロリー、水分過多《すいぶんかた》、運動不足《うんどうぶそく》が、
さらに発病《はつびょう》を手助《てだす》けする。

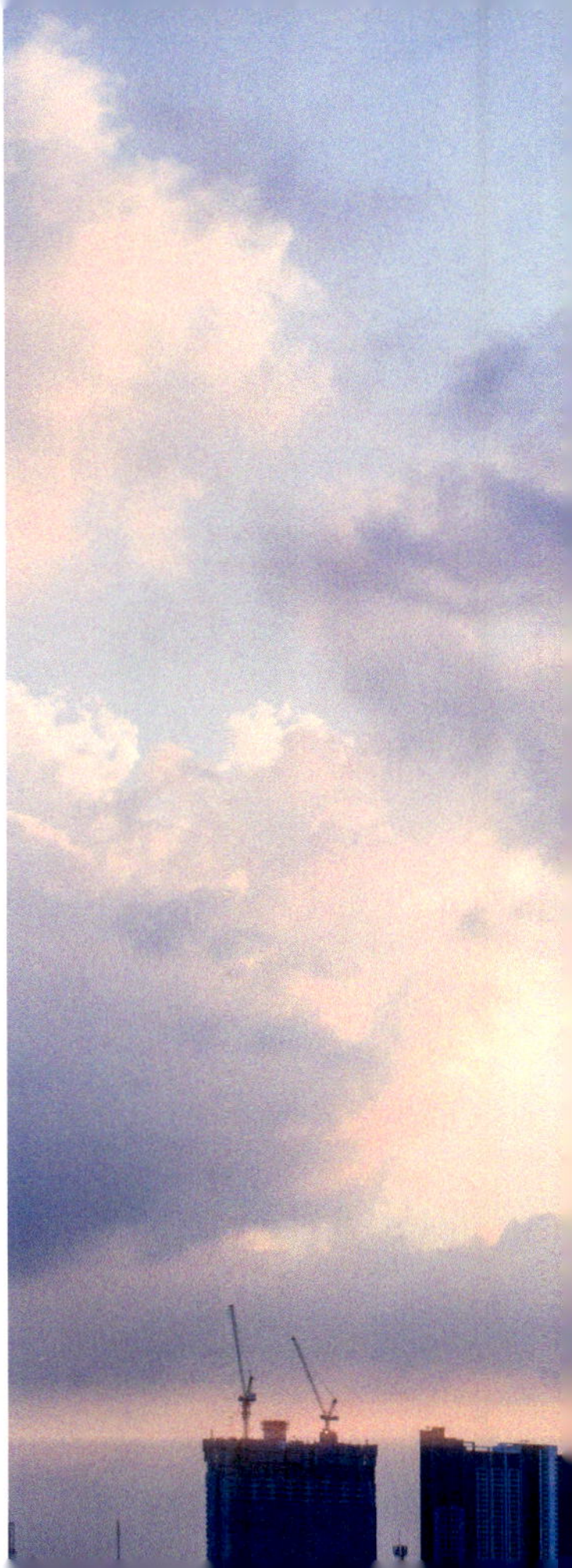

血管《けっかん》と脳《のう》の病気《びょうき》は、
取《と》り越《こ》し苦労《ぐろう》、持《も》ち越《こ》し苦労《ぐろう》の人《ひと》、
愚痴《ぐち》や不平不満《ふへいふまん》の多《おお》い人生《じんせい》に発生《はっせい》する。
要《よう》するに、
自己《じこ》のプライドが満《み》たせずに苦《くる》しむ、
心《こころ》の排泄機能《はいせつきのう》が弱《よわ》い人《ひと》がかかる。

皮膚《ひふ》の病気《びょうき》は、
対人関係《たいじんかんけい》の恐怖《きょうふ》や、
そのストレスによる
暴飲暴食《ぼういんぼうしょく》による血《ち》の汚《よご》れによる。

関節《かんせつ》の病気《びょうき》は、
心《こころ》の葛藤《かっとう》や怨《うら》み心《ごころ》からの憑依《ひょうい》が多《おお》い。

すべて、信仰《しんこう》、休息《きゅうそく》、無執着《むしゅうちゃく》、
笑顔《えがお》と、明《あか》るい心《こころ》、
健康管理《けんこうかんり》で治《なお》せるはずだ。

8 ストレス・マネジメント

現代《げんだい》においては、
ストレス・マネジメント（管理《かんり》）を
知《し》らない人《ひと》は、
病気《びょうき》になって、若死《わかじ》にする。

ならばどうするか。
散歩《さんぽ》や音楽《おんがく》もよい。
入浴《にゅうよく》やマッサージ、鍼《はり》もよい。
もちろん、ストレッチ体操《たいそう》や、
自分《じぶん》の好《この》みの運動《うんどう》もよい。

映画《えいが》や読書《どくしょ》で、
気《き》をまぎらわす人《ひと》もいるだろう。

山《やま》や川《かわ》、海《うみ》へのハイキングや、
旅行《りょこう》による転地療法《てんちりょうほう》も効《き》くだろう。
仕事《しごと》を離《はな》れて、
夫《おっと》や妻《つま》、子供《こども》たちと、
楽《たの》しく語《かた》り、
遊《あそ》ぶのもよいだろう。

とにかく、一度《いちど》、
神経《しんけい》を伸《の》ばそうと思《おも》うことだ。
ストレス・マネジメントの重要《じゅうよう》さを知《し》れば、
やるべきことと、やめるべきこととの、
違《ちが》いがはっきり見《み》えてくる。

さあ、病気《びょうき》になっては損《そん》だ。
ストレスから解放《かいほう》されよう。

9 心《こころ》を操作《そうさ》する

肉体《にくたい》が病気《びょうき》にならないためには、
心《こころ》の管理《かんり》が大切《たいせつ》だ。
心《こころ》を操作《そうさ》すること、
心《こころ》を動《うご》かすことが重要《じゅうよう》なのだ。

心《こころ》なんか目《め》に見《み》えないから、
動《うご》かせない、と言《い》う人《ひと》は、
残念《ざんねん》ながら、
宗教《しゅうきょう》の入口《いりぐち》にも、まだ立《た》っていない。
心《こころ》を実体《じったい》だと思《おも》わなければ、

修行《しゅぎょう》による悟《さと》りなどありえないのだ。

自分自身《じぶんじしん》で、
本当《ほんとう》は自分《じぶん》を不幸《ふこう》にする考《かんが》えを
もっていないか。
貪欲《どんよく》さが自分《じぶん》を苦《くる》しめているのがわかるか。
それが焦《あせ》りや不安《ふあん》、イライラの原因《げんいん》なのだ。
怒《いか》りが自分《じぶん》を傷《きず》つけているのがわかるか。
それが体調《たいちょう》不良《ふりょう》の原因《げんいん》なのだ。
愚痴《ぐち》や不平《ふへい》不満《ふまん》が、
体内《たいない》の毒素《どくそ》になっているのがわかるか。
それが、血管《けっかん》も神経《しんけい》も、頭脳《ずのう》も
ゆっくりと破壊《はかい》していくのだ。

心《こころ》を操作《そうさ》し、
光《ひかり》のチャンネルに合《あ》わせよ。
みるみる運命《うんめい》が変《か》わっていくだろう。

10 くつろぎの時《とき》

生垣《いけがき》の真木《まき》に、
朝日《あさひ》が射《さ》す。
雀《すずめ》が一羽《いちわ》、
寝覚《ねざ》めのウォーミング・アップを
やっている。
くちばしを羽根《はね》の下《した》に差《さ》し込《こ》んだり、
羽根《はね》をピンと張《は》っては、

自分《じぶん》の羽《は》先《さき》を
ほれぼれとチェックしている。

ああ、
この雀《すずめ》だろうか、
昨日《きのう》の昼下《ひるさ》がり、
庭先《にわさき》の、
日《ひ》溜《だ》まりの中《なか》、
小《ちい》さな噴水《ふんすい》で水《みず》浴《あ》びをしていたのは。

この小《ちい》さな生命《いのち》にも、
えさをとることを忘《わす》れて、
くつろぎの時《とき》を過《す》ごす、
ゆとりがあるのだ。
ごくわずかな時間《じかん》、
ゆったりと、くつろいで、
そして、サーッと、
今日《きょう》の仕事《しごと》を求《もと》めて飛《と》び立《た》つのだ。

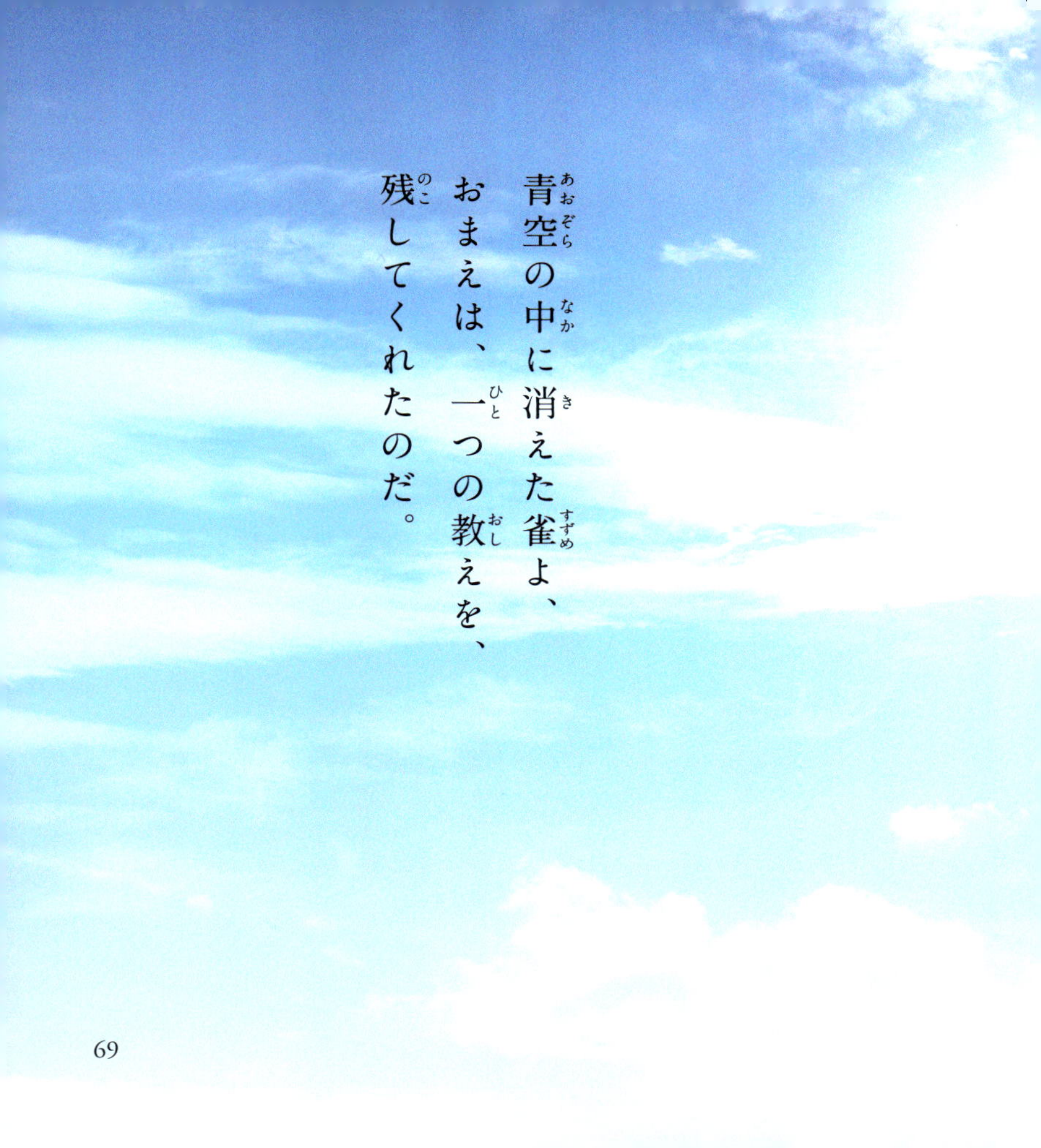

青空《あおぞら》の中《なか》に消《き》えた雀《すずめ》よ、
おまえは、一《ひと》つの教《おし》えを、
残《のこ》してくれたのだ。

11

現代《げんだい》医学《いがく》と宗教《しゅうきょう》

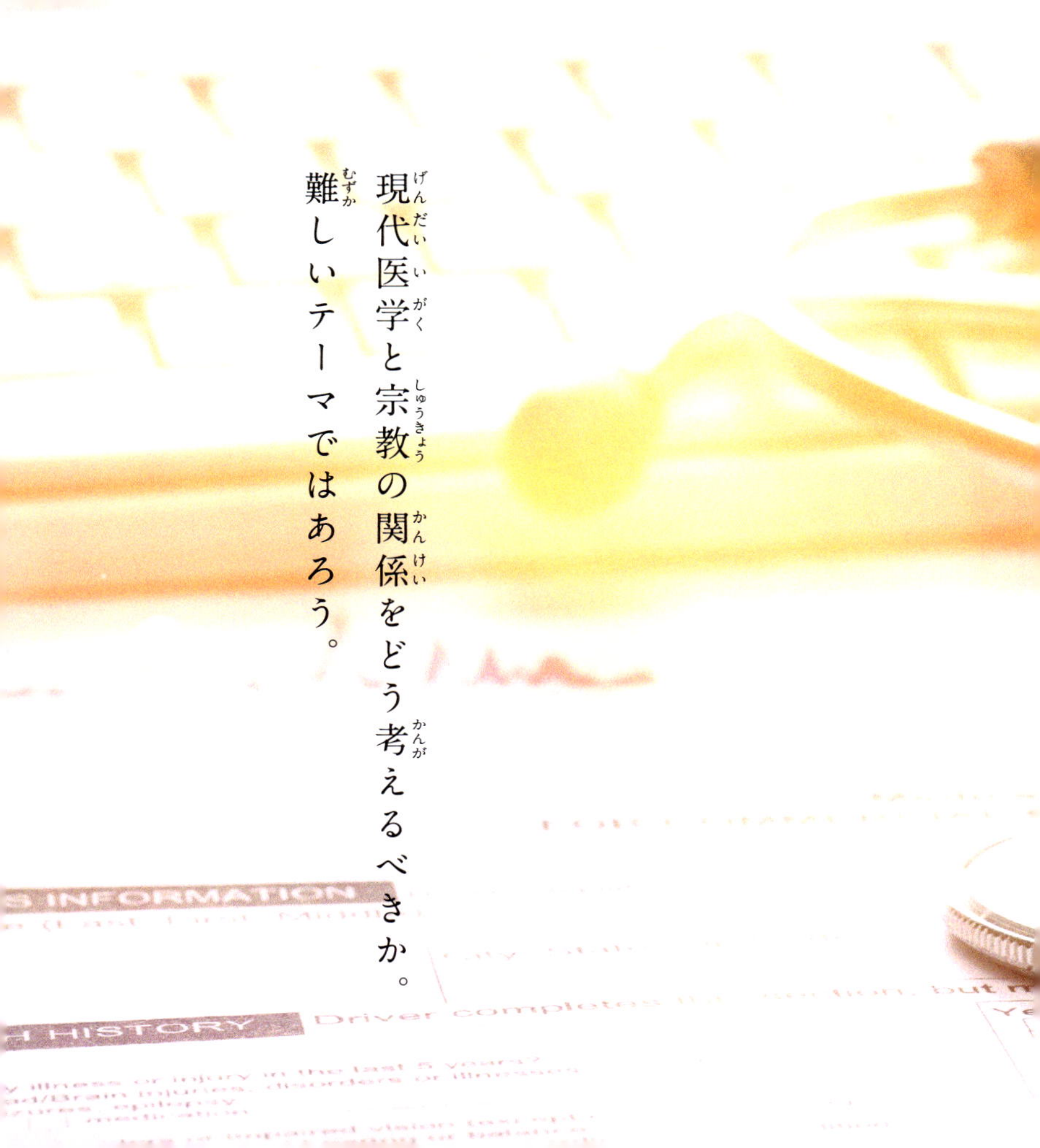

現代《げんだい》医学《いがく》と宗教《しゅうきょう》の関係《かんけい》をどう考《かんが》えるべきか。
難《むずか》しいテーマではあろう。

しかし、私《わたし》は、
現代医学《げんだいいがく》も仏神《ぶっしん》の指導《しどう》の下《もと》にあると思《おも》う。
医療系《いりょうけい》の光《ひかり》の天使《てんし》を、
仮《かり》に医神《いしん》と呼《よ》ぶとすると、
医神《いしん》のルーツ（根源《こんげん》）をたどっていくと、
必《かなら》ず、ヘルメス神《しん》に行《ゆ》きあたるからだ。

●ヘルメス神　ギリシャ神話の神として知られる、古代ギリシャに実在した英雄《えいゆう》。ヘルメス神の持つケリューケイオンの杖《つえ》は、医術のシンボルとしても用いられている。

また、
西洋医学《せいよういがく》と、時《とき》に対立《たいりつ》する東洋医学《とうよういがく》も、
そのルーツ（根源《こんげん》）は、
老荘思想《ろうそうしそう》や仏教《ぶっきょう》にあり、
僧侶《そうりょ》が医術《いじゅつ》を教《おし》えていた例《れい》は多《おお》い。

もちろん、病気《びょうき》治《なお》しをする宗教《しゅうきょう》にも、
仏神《ぶっしん》が盛《さか》んに協力《きょうりょく》している。
たびたび奇跡《きせき》を起《お》こして
人々《ひとびと》の信仰心《しんこうしん》を高《たか》めている。

ここで大《たい》切《せつ》なことは、

医学《いがく》と宗教《しゅうきょう》の協調《きょうちょう》・協力《きょうりょく》である。
信仰《しんこう》を理解《りかい》する医師《いし》であれば、
心《こころ》の力《ちから》を使《つか》って、
もっと病気《びょうき》が治《なお》せるであろう。
時《とき》には、言葉《ことば》と薬《くすり》の併用《へいよう》で、
奇跡《きせき》のように難病《なんびょう》も治《なお》せるだろう。

また宗教者《しゅうきょうじゃ》も、
医学《いがく》の光《ひかり》の部分《ぶぶん》と協力《きょうりょく》すれば、
悩《なや》める人々《ひとびと》を救《すく》える範囲《はんい》が広《ひろ》がるだろう。
目的《もくてき》は人々《ひとびと》の幸福《こうふく》なのだから、
互《たが》いに、助《たす》け合《あ》えることが望《のぞ》ましい。

12 病気《びょうき》は治《なお》る

病気《びょうき》は人生《じんせい》の試練《しれん》の、大《おお》きなものの一《ひと》つであろう。仏典《ぶってん》を読《よ》んでも、釈尊《しゃくそん》が熱心《ねっしん》に病気《びょうき》治《なお》しをした記述《きじゅつ》は少《すく》ない。ある町《まち》で疫病《えきびょう》が蔓延《まんえん》した時《とき》に、呪文《じゅもん》を唱《とな》えつつ聖水《せいすい》をまいて、それを食《く》い止《と》めた史実《しじつ》はあるようだが、大体《だいたい》においては、滅《ほろ》びゆく肉体《にくたい》には執着《しゅうちゃく》しない、といった態度《たいど》のようである。

私《わたし》も立宗十数年《りっしゅうじゅうすうねん》は、
あまり病気治《びょうきなお》しには積極的《せっきょくてき》ではなかった。
合理的《ごうりてき》な宗教《しゅうきょう》を
創《つく》ろうとしたからでもあろう。
しかし、
救世主《きゅうせいしゅ》として立《た》つことを誓《ちか》い、
再《ふたた》び不惜身命《ふしゃくしんみょう》の伝道《でんどう》を再開《さいかい》すると、
あちこちで、
医者《いしゃ》に見放《みはな》された人《ひと》の病気《びょうき》が治《なお》りはじめた。
難病《なんびょう》、奇病《きびょう》と言《い》われるものが、
私《わたし》の言葉《ことば》を聞《き》いたり、
私《わたし》が通《とお》りすぎただけで治《なお》りはじめたのだ。

宗教家《しゅうきょうか》として積《つ》み上《あ》げた実績《じっせき》への
自信《じしん》もあろう。
しかし、何《なに》よりも、
信仰《しんこう》パワーが広《ひろ》がっていることが
第一《だいいち》であろう。
地球《ちきゅう》の至高神《しこうしん》に、
治《なお》せない病気《びょうき》などないのだ。

「心の指針 Selection《セレクション》」について

「心の指針」は、幸福の科学の大川隆法総裁が書き下ろした珠玉《しゅぎょく》の詩篇《しへん》であり、現代に生きる数多《あまた》の人々の心を癒《い》やし、救い続けています。大川総裁は、人類を創造した根本仏である主エル・カンターレが地上に下生《げしょう》した存在であり、深い慈悲《じひ》の念《おも》いで綴《つづ》った「心の指針」はまさに「人類の至宝《しほう》」です。その普遍《ふへん》的なメッセージは「人生の意味」や「悩《なや》み解決のヒント」など多岐《たき》にわたっていますが、さまざまな詩篇をテーマ別に取りまとめたシリーズが、この「心の指針 Selection《セレクション》」です。2004年、大川総裁は心臓発作《はっさ》を起こし、医師からは「死んでいる人と同じ状態」と診断《しんだん》されました。その際、療養《りょうよう》中に書き下ろした108篇の「辞世《じせい》のメッセージ」が、「心の指針」の始まりです。しかし、その後、大川総裁は奇跡《きせき》的な復活を遂《と》げ、全世界で精力的に救世活動を展開しています。

『心の指針 Selection 2　病よ治れ』出典

1　病よ治れ ………………………… 心の指針135／『心の指針 第十二集 眠れる人は正義を知らず』
（宗教法人幸福の科学刊）
2　小さなことを喜ぼう ……… 心の指針9／『心の指針 第一集 一条の光』（同上）
3　イメージングの力 ………… 心の指針17／『心の指針 第二集 師弟の道』（同上）
4　心と肉体 ……………………… 心の指針21／同上
5　病気の原因の発見 ………… 心の指針28／『心の指針 第三集 仏は支える』（同上）
6　心と健康 ……………………… 心の指針49／『心の指針 第五集 不滅への道』（同上）
7　心と病気 ……………………… 心の指針50／同上
8　ストレス・マネジメント …… 心の指針51／同上
9　心を操作する ……………… 心の指針52／同上
10　くつろぎの時 ……………… 心の指針8／『心の指針 第一集 一条の光』（同上）
11　現代医学と宗教 …………… 心の指針20／『心の指針 第二集 師弟の道』（同上）
12　病気は治る ………………… 心の指針120／『心の指針 第十集 隠された力』（同上）

著者 Profile　　大川隆法 Ryuho Okawa

幸福の科学グループ創始者 兼 総裁。

1956（昭和31）年7月7日、徳島県に生まれる。東京大学法学部卒業後、大手総合商社に入社し、ニューヨーク本社に勤務するかたわら、ニューヨーク市立大学大学院で国際金融論を学ぶ。81年、大悟し、人類救済の大いなる使命を持つ「エル・カンターレ」であることを自覚する。

86年、「幸福の科学」を設立。信者は世界172カ国以上に広がっており、全国・全世界に精舎・支部精舎等を700カ所以上、布教所を約1万カ所展開している。

説法回数は3500回を超え（うち英語説法150回以上）、また著作は42言語に翻訳され、発刊点数は全世界で3200書を超える（うち公開霊言シリーズは600書以上）。『太陽の法』『地獄の法』をはじめとする著作の多くはベストセラー、ミリオンセラーとなっている。また、27作の劇場用映画の製作総指揮・原作・企画のほか、450曲を超える作詞・作曲を手掛けている。

ハッピー・サイエンス・ユニバーシティと学校法人 幸福の科学学園（中学校・高等学校）の創立者、幸福実現党創立者兼総裁、HS政経塾創立者兼名誉塾長、幸福の科学出版（株）創立者、ニュースター・プロダクション（株）会長、ARI Production（株）会長でもある。

心《こころ》の指針《ししん》 Selection2　病《やまい》よ治《なお》れ

2019年9月2日　初版第1刷
2024年9月24日　　　第4刷

著　者　大《おお》川《かわ》隆《りゅう》法《ほう》

発行所　幸福の科学出版株式会社
〒107-0052　東京都港区赤坂2丁目10番8号
TEL 03-5573-7700
https://www.irhpress.co.jp/

印刷・製本　株式会社 堀内印刷所

落丁・乱丁本はおとりかえいたします

ISBN978-4-8233-0082-0 C0030

カバー Annette Shaff/Shutterstock.com, p.6-7 Mabeko/Shutterstock.com, p.8-9 sabthai/Shutterstock.com, p.10-11 Khongtham/Shutterstock.com, p.12-13 Phinyo De Italiano/Shutterstock.com, p.14-15 KonstantinChristian/Shutterstock.com, p.16-17 SFIO CRACHO/Shutterstock.com, p.18-19 Erkki Makkonen/Shutterstock.com, p.20-21 Annette Shaff/Shutterstock.com, p.22-23 Evgeny Atamanenko/Shutterstock.com, p.24-25 ERAY OZCAN/Shutterstock.com, p.26-27 r.classen/Shutterstock.com, p.28 ARIMAG/Shutterstock.com,p.30-31 Syda Productions/Shutterstock.com, p.32-33 Elly Photography/Shutterstock.com, p.35 Rawpixel.com/Shutterstock.com, p.36-37 LENA GABRILOVICH/Shutterstock.com, p.38-39 GaudiLab/Shutterstock.com, p.40-41 GCapture/Shutterstock.com, p.42-43 Kite_rin/Shutterstock.com, p.44-45 kan_chana/Shutterstock.com, p.46-47 Quality Stock Arts/Shutterstock.com, p.48-49 Jacob Lund/Shutterstock.com, p.50-51 lola1960/Shutterstock.com, p.52-53 Alena Ozerova/Shutterstock.com, p.54-55 Annette Shaff/Shutterstock.com, p.56-57 Song_about_summer/Shutterstock.com, p.59 GaudiLab/Shutterstock.com, p.60-61 Kichigin/Shutterstock.com, p.62-63 Grisha Bruev/Shutterstock.com, p.64-65 Masahumi Otaki, p.66-67 Bildagentur Zoonar GmbH/Shutterstock.com, p.68-69 Chachamp/Shutterstock.com, p.70-71 Billion Photos/Shutterstock.com, p.72-73 大阪正心館 , p.74-75 ネパール釈尊館（総本山・正心館）, p.76-77 S_L/Shutterstock.com, p.79 Masahiro Watanabe, p.80 箱根精舎 , p.82-83 東京正心館 , p.84-85 Oleksandrum/Shutterstock.com
装丁・イラスト・写真（上記・パブリックドメインを除く）© 幸福の科学

大川隆法著作シリーズ 「心と体」奇跡のメカニズム

病の時に読む言葉

病の時、人生の苦しみの時に気づく、小さな幸福、大きな愛──。生かされている今に感謝が溢れ出す、100のヒーリング・メッセージ。

書き下ろし
箴言集

1,540円

1,650円

ザ・ヒーリングパワー

病気はこうして治る

スピリチュアルな視点から「心と病気の関係」を解明。完全無欠な自己像を描く瞑想法も紹介。

シリーズ
第3弾

1,760円

エル・カンターレ
人生の疑問・悩みに答える

病気・健康問題へのヒント

現代医学では分からない「心と体の関係」を解き明かし、病気の霊的原因と対処法を示した質疑応答集。

※表示価格は税込10%です

大川隆法著作シリーズ　「心と体」奇跡のメカニズム

病を乗り切るミラクルパワー

常識を超えた「信仰心で治る力」

糖質制限、菜食主義、水分摂取——、その“常識”に注意！ 超・常識の健康法とは。認知症、統合失調症等のＱＡも所収。

1,650円

1,650円

著者による「健康セミナー」CD付

1,980円

超・絶対健康法

奇跡のヒーリングパワー

長寿と健康の秘訣、心の力と病の関係、免疫力を強くする信仰心など、神秘のメカニズムが明らかに。

奇跡のガン克服法

未知なる治癒力のめざめ

病気治癒の奇跡、その秘密を惜しみなく公開。病気が治った奇跡のリーディング内容も収録。

幸福の科学出版

大川隆法著作シリーズ　主なる神エル・カンターレを知る

法シリーズ
第1巻

2,200円

太陽の法

エル・カンターレへの道

創世記や愛の段階、悟りの構造、文明の流転を明快に説き、主エル・カンターレの真実の使命を示した、仏法真理の基本書。25言語で発刊され、世界中で愛読されている大ベストセラー。

〔携帯版〕

〔携帯版〕

1,320円

1,980円

永遠の仏陀

不滅の光、いまここに

すべての者よ、無限の向上を目指せ──。大宇宙を創造した久遠の仏が、生きとし生けるものへ託した願いとは。

1,760円

地球を包む愛

人類の試練と地球神の導き

日本と世界の危機を乗り越え、希望の未来を開くために──。天御祖神の教えと、その根源にある主なる神「エル・カンターレ」の考えが明かされた書。

※表示価格は税込10％です。

幸福の科学グループのご案内

幸福の科学は世界172カ国以上に広がり（2024年9月現在）、宗教、教育、政治、出版、映画製作、芸能などの活動を通じて、地球ユートピアの実現を目指しています。

信仰の対象は、主《しゅ》エル・カンターレです。主エル・カンターレは地球の至高神《しこうしん》であり、イエス・キリストが「わが父」と呼び、ムハンマドが「アッラー」と呼び、日本神道系では創造神にあたる「天御祖神《あめのみおやがみ》」という名で伝えられている存在です。人類を導くために、釈迦《しゃか》やヘルメスなどの魂《たましい》の分身を何度も地上に送り、文明を興隆《こうりゅう》させてきました。現在はその本体意識が、大川隆法総裁として下生《げしょう》されています。

信仰 *Faith in Lord El Cantare*

国際協力
happy-science.jp/activities/social-contribution

ウガンダのセント・メアリー校に校舎と礼拝室を寄贈

自殺防止活動
www.withyou-hs.net

ハッピー・サイエンス・ユニバーシティ
happy-science.university

学校法人　幸福の科学学園
中学校・高等学校（那須本校）
happy-science.ac.jp

関西中学校・高等学校（関西校）
kansai.happy-science.ac.jp

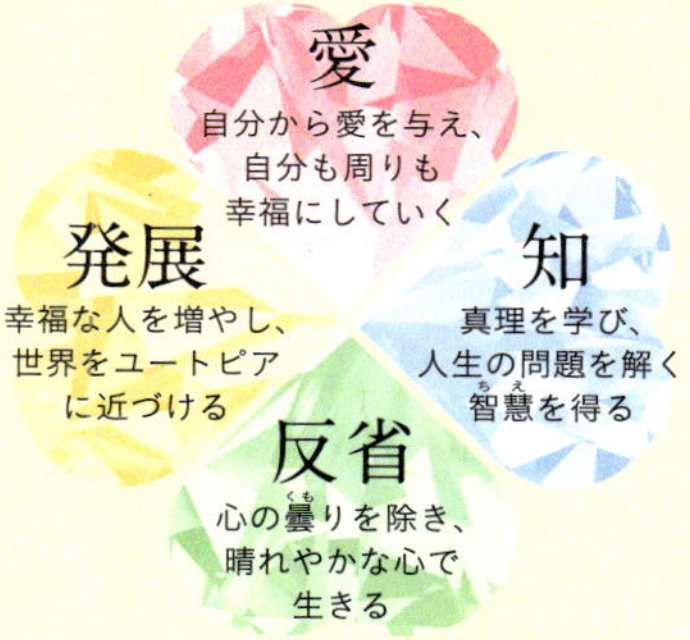
愛
自分から愛を与え、
自分も周りも
幸福にしていく
知
真理を学び、
人生の問題を解く
智慧《ちえ》を得る
反省
心の曇《くも》りを除き、
晴れやかな心で
生きる
発展
幸福な人を増やし、
世界をユートピア
に近づける

基本教義 *The Basic Teachings*

基本教義は「正しき心の探究《たんきゅう》」と「四正道《よんしょうどう》」（幸福の原理）です。すべての人を幸福に導く教え「仏法真理《ぶっぽうしんり》」を学んで心を正していくことを正しき心の探究といい、その具体的な方法として、「愛・知・反省・発展」の四正道があります。

幸福の科学グループの最新情報、
参拝施設へのアクセス等はこちら！

幸福の科学 公式サイト
happy-science.jp

幸福実現党
hr-party.jp

入会のご案内

幸福の科学では、大川隆法総裁が説く仏法真理《ぶっぽうしんり》をもとに、「どうすれば幸福になれるのか、また、他の人を幸福にできるのか」を学び、実践しています。

入会

仏法真理を学んでみたい方へ

主エル・カンターレを信じ、その教えを学ぼうとする方なら、どなたでも入会できます。入会された方には、『入会版「正心法語《しょうしんほうご》」』が授与されます。

入会ご希望の方はネットからも入会申し込みができます。

happy-science.jp/joinus

三帰《さんき》
誓願《せいがん》

信仰をさらに深めたい方へ

仏弟子としてさらに信仰を深めたい方は、仏《ぶっ》・法《ぽう》・僧《そう》の三宝《さんぽう》への帰依を誓う「三帰誓願式」を受けることができます。三帰誓願者には、『仏説・正心法語』『祈願文《きがんもん》①』『祈願文②』『エル・カンターレへの祈り』が授与されます。

幸福の科学 サービスセンター
TEL 03-5793-1727

（受付時間／
火～金：10～20時
土・日祝：10～18時（月曜を除く））